Impressum
Verlag: BABADADA GmbH, Nedderfeld 112 , 22529 Hamburg
Geschäftsführer / Verlagsleitung: Harald Hof
Druck: Books on Demand GmbH, In de Tarpen 42, 22848 Norderstedt

Imprint
Publisher: BABADADA GmbH, Nedderfeld 112 , 22529 Hamburg, Germany
Managing Director / Publishing direction: Harald Hof
Print: Books on Demand GmbH, In de Tarpen 42, 22848 Norderstedt

სკოლა

colegio

გაყოფა
dividir
186/2
დაფა
pizarrón
საკლასო ოთახი
aula
სკოლის ეზო
patio de escuela
მასწავლებელი
maestro
ქაღალდი
papel
წერა
escribir
კალამი
birome
მაგიდა
escritorio
სახაზავი
regla
წიგნი
libro
მოსწავლე
alumno

ზურგჩანთა

mochila

პენალი

caja de lápices

ფანქარი

lápiz

ფანქრების სათლელი

sacapuntas

საშლელი

goma (de borrar)

ნახატების ალბომი

bloc de dibujo

ნახატი

dibujo

ფუნჯი

pincel

საღებავის ყუთი

caja de pinturas

მაკრატელი

tijera

წებო

pegamento

სავარჯიშო რვეული

cuaderno de ejercicios

საშინაო დავალება

tarea

ნომერი

número

დამატება

sumar

გამოკლება

restar

გამრავლება

multiplicar

გამოთვლა

calcular

A

წერილი

letra

ABCDEFG
HIJKLMN
OPQRSTU
VWXYZ

ანბანი

abecedario

hello

სიტყვა

palabra

ტექსტი

texto

წაკითხვა

leer

ცარცი

tiza

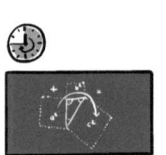

გაკვეთილი

lección

რეგისტრაცია

cuaderno de clase

გამოცდა

examen

სერტიფიკატი

certificado

სკოლის ფორმა

uniforme escolar

განათლება

educación

ენციკლოპედია

enciclopedia

უნივერსიტეტი

universidad

მიკროსკოპი

microscopio

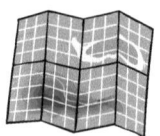

რუქა

mapa

კალათა ნარჩენი ქაღალდებისათვის

tacho (de basura)

სასტუმრო
hotel
Grand
ჰოსტელი
hostel
ROOMS
ვალუტის გადაცვლის პუნქტი
casa de cambio
ჩემოდანი
valija
მანქანა
auto

ენა
idioma

კი / არა
sí / no

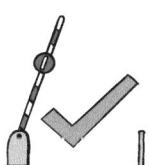

კარგი
Está bien

გამარჯობა
hola

მთარგმნელი
traductor

გმადლობთ
Gracias

რა ღირს... ?

¿cuánto cuesta...?

ვერ გავიგე

No entiendo

პრობლემა

problema

აღამო მშვიდობისა!

¡Buenas tardes!

დილა მშვიდობისა!

¡Buenos días!

ღამე მშვიდობისა!

¡Buenas noches!

ნახვამდის

adiós

მიმართულება

dirección

ბარგი

equipaje

ჩანთა

bolso

ზურგჩანთა

mochila

სტუმარი

invitado

ოთახი

habitación

საძილე ტომარა

bolsa de dormir

კარავი

carpa

ტურისტული ინფორმაცია

información turística

სანაპირო

playa

საკრედიტო ბარათი

tarjeta de crédito

საუზმე

desayuno

ლანჩი

almuerzo

ვახშამი

cena

ბილეთი

pasaje

ლიფტი

ascensor

საფოსტო მარკა

sello

საზღვარი

frontera

საბაჟო

aduana

საელჩო

embajada

ვიზა

visa

პასპორტი

pasaporte

ტრანსპორტი

transporte

თვითმფრინავი
avión
გემი
barco
სახანძრო მანქანა
autobomba
ავტობუსი
colectivo
სატვირთო მანქანა
camión
მოტორიზებული ნავი
lancha a motor
ველოსიპედი
bicicleta
მანქანა
auto

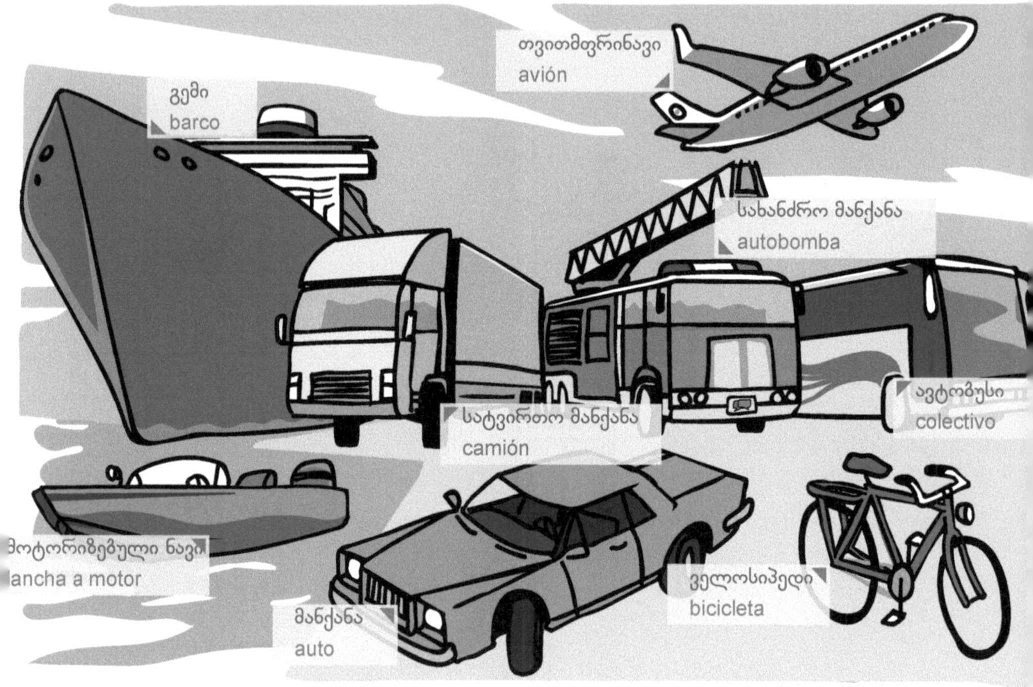

ბორანი

ferry

ნავი

bote

მოტოციკლი

moto

პოლიციის მანქანა

patrullero

სარბოლო მანქანა

auto de carreras

დაქირავებული მანქანა

auto de alquiler

მანქანის ერთობლივი მოხმარება
....
alquiler de autos

საბუქსირე მანქანა
....
grúa

ნაგვის მანქანა
....
camión de basura

ძრავა
....
motor

საწვავი
....
nafta

ბენზინგასამართი სადგური
....
estación de servicio

საგზაო ნიშანი
....
señal de tránsito

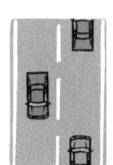

მოძრაობა
....
tránsito

საცობი
....
embotellamiento

მანქანის სადგომი
....
estacionamiento

მატარებლის სადგური
....
estación de tren

ლიანდაგები
....
vías

მატარებელი
....
tren

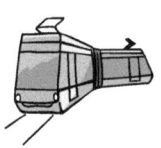

ტრამვაი
....
tranvía

ვაგონი
....
vagón

ვერტმფრენი

helicóptero

აეროპორტი

aeropuerto

კოშკი

torre

მგზავრი

pasajero

კონტეინერი

contenedor

მუყაოს ყუთი

caja de cartón

ურიკა

carretilla

კალათა

canasta

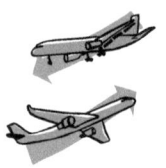

აფრენა / დაშვება

despegar / aterrizar

ქალაქი
ciudad

სოფელი

pueblo

ქალაქის ცენტრი

centro de ciudad

სახლი

casa

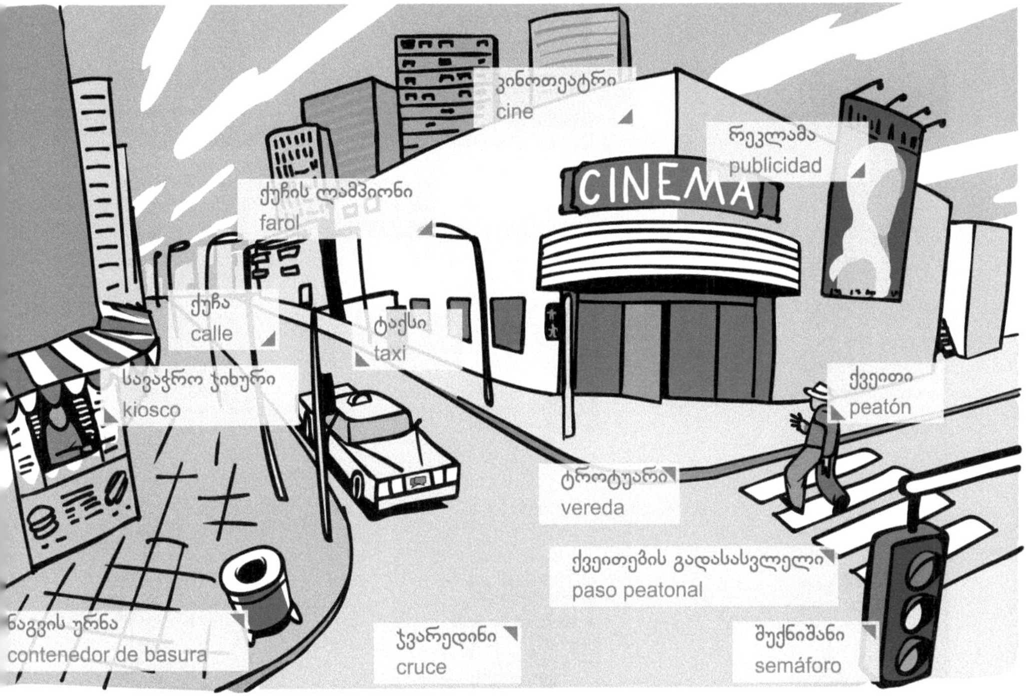

კინოთეატრი
cine
რეკლამა
publicidad
CINEMA
ქუჩის ლამპიონი
farol
ქუჩა
calle
ტაქსი
taxi
სავაჭრო ჯიხური
kiosco
ქვეითი
peatón
ტროტუარი
vereda
ქვეითების გადასასვლელი
paso peatonal
ნაგვის ურნა
contenedor de basura
ჯვარედინი
cruce
შუქნიშანი
semáforo

ქოხი

cabaña

ბინა

departamento

მატარებლის სადგური

estación de tren

მუნიციპალიტეტი

municipalidad

მუზეუმი

museo

სკოლა

colegio

უნივერსიტეტი

universidad

ბანკი

banco

საავადმყოფო

hospital

სასტუმრო

hotel

აფთიაქი

farmacia

ოფისი

oficina

წიგნების მაღაზია

librería

მაღაზია

negocio

ფლორისტი

florería

სუპერმარკეტი

supermercado

ბაზარი

mercado

მაღაზიის განყოფილება

grandes tiendas

თევზის გამყიდველი

pescadería

სავაჭრო ცენტრი

centro comercial

ნავსადგომი

puerto

ქალაქი - ciudad

პარკი

parque

გრძელი სკამი

banco

ხიდი

puente

კიბეები

escaleras

მიწისქვეშა გადასასვლელი

subte

გვირაბი

túnel

ავტობუსის გაჩერება

parada del colectivo

ბარი

bar

რესტორანი

restaurante

საფოსტო ყუთი

buzón

ქუჩის ნიშანი

letrero

პარკინგის საზომი

parquímetro

ზოოპარკი

zoológico

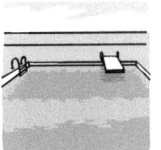

საცურაო აუზი

pileta

მეჩეთი

mezquita

ფერმა

granja

გარემოს დაბინძურება

contaminación

სასაფლაო

cementerio

ეკლესია

iglesia

საბავშვო მოედანი

juegos infantiles

ტაძარი

templo

ლანდშაფტი

paisaje

ფოთოლ
ი
hoja
გზის მანიშნებელი ნიშანი
poste indicador
გზა
camino
მდელო
pradera
ქვა
piedra
მოგზაური
excursionista
ხე
árbol
მდინარე
río
ბალახი
hierba
ყვავილი
flor

ხეობა
valle

გორაკი
montaña

ტბა
lago

ტყე
bosque

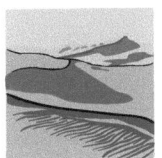

უდაბნო
desierto

ვულკანი
volcán

ციხე
castillo

ცისარტყელა
arco iris

სოკო
champiñón

პალმა
palmera

კოღო
mosquito

ბუზი
mosca

ჭიანჭველა
hormiga

ფუტკარი
abeja

ობობა
araña

ხოჭო

escarabajo

ბაყაყი

rana

ციყვი

ardilla

ზღარბი

erizo

კურდღელი

liebre

ბუ

lechuza

ფრინველი

pájaro

გედი

cisne

ტახი

jabalí

ირემი

ciervo

ცხენ-ირემი

alce

კაშხალი

presa

ქარის ტურბინა

aerogenerador

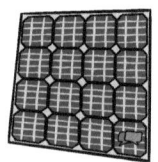

მზის ბატარეა

panel solar

კლიმატი

clima

მიმტანი
mozo
მენიუ
menú
სკამი
silla
სუპი
sopa
პიცა
pizza
დანა-ჩანგალი
cubiertos
მაგიდაზე გადასაფარებელი
mantel

საუზმე
entrada

მთავარი კერძი
plato principal

დესერტი
postre

დასალევი
bebidas

საჭმელი
comida

ბოთლი
botella

სწრაფი კვება

comida rápida

ქუჩის საჭმელი

comida callejera

ჩაიდანი

tetera

საშაქრე

azucarera

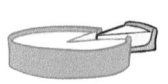

პორცია

porción

ესპრესოს მანქანა

cafetera expreso

მაღალი სკამი

sillita alta

ანგარიში

cuenta

ლანგარი

bandeja

დანა

cuchillo

ჩანგალი

tenedor

კოვზი

cuchara

ჩაის კოვზი

cucharita

ხელსახოცი

servilleta

ჭიქა

vaso

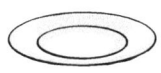

თეფში
plato

სუპის თეფში
plato hondo

ჩაის ლამბაქი
plato

საწებელი
salsa

სამარილე
salero

წიწაკის საფქვავი
molinillo de pimienta

ძმარი
vinagre

ზეთი
aceite

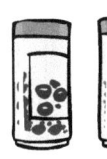

სანელებლები
especias

კეტჩუპი
kétchup

მდოგვი
mostaza

მაიონეზი
mayonesa

სუპერმარკეტი
supermercado

სპეციალური შეთავაზება
oferta especial
მომხმარებელი
cliente
რძის ნაწარმი
lácteos
ხილი
fruta
changuito

საყასბო

carnicería

საცხობი

panadería

აწონვა

pesar

ბოსტნეული

verduras

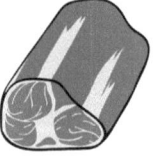

ხორცი

carne

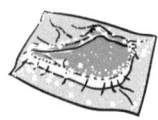

გაყინული საკვები

alimentos congelados

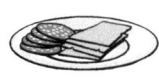

გრილი ხორცი
fiambres

კონსერვები
alimentos enlatados

სარეცხი ფხვნილი
detergente en polvo

ტკბილეული
golosinas

საყოფაცხოვრებო
პროდუქტები
electrodomésticos

სარეცხი საშუალებები
productos de limpieza

გამყიდველი
vendedora

სალარო
caja

მოლარე
cajero

საყიდლების სია
lista de compras

მუშაობის საათები
horario de atención

პორტმანი
billetera

საკრედიტო ბარათი
tarjeta de crédito

ჩანთა
cartera

პლასტიკური პარკი
bolsa de plástico

დასალევი

bebidas

წყალი

agua

წვენი

jugo

რძე

leche

კოკა-კოლა

bebida cola

ღვინო

vino

ლუდი

cerveza

ალკოჰოლი

alcohol

კაკაო

cacao

ჩაი

té

ყავა

café

ესპრესო

café expreso

კაპუჩინო

cappuccino

საჭმელი
comida

ბანანი

banana

ვაშლი

manzana

ფორთოხალი

naranja

საზამთრო

melón

ლიმონი

limón

სტაფილო

zanahoria

ნიორი

ajo

ბამბუკი

bambú

ხახვი

cebolla

სოკო

champiñón

კაკალი

nueces

ატრია

fideos

სპაგეტი

tallarines

ბრინჯი

arroz

სალათი

ensalada

ჩიპსები

papas fritas

შემწვარი კარტოფილი

papas fritas

პიცა

pizza

ჰამბურგერი

hamburguesa

სენდვიჩი

sándwich

კოტლეტი

churrasco

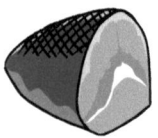

ლორი

jamón

სალიამი

salame

ძეხვი

salchicha

წიწილა

pollo

შემწვარი ხორცი

asado

თევზი

pescado

შვრიის ფაფა

copos de avena

მუსლი

muesli

სიმინდის ფანტელები

copos de maíz

ფქვილი

harina

კრუასანი

medialuna

ბულკი

pancito

პური

pan

ტოსტი

tostada

ნამცხვრები

galletitas

კარაქი

manteca

ხაჭო

cuajada

ტორტი

torta

კვერცხი

huevo

ერბო-კვერცხი

huevo frito

ყველი

queso

ნაყინი

helado

შაქარი

azúcar

თაფლი

miel

ჯემი

mermelada

შოკოლადის კრემი

pasta de chocolate

კარი

curry

ფერმა
granja

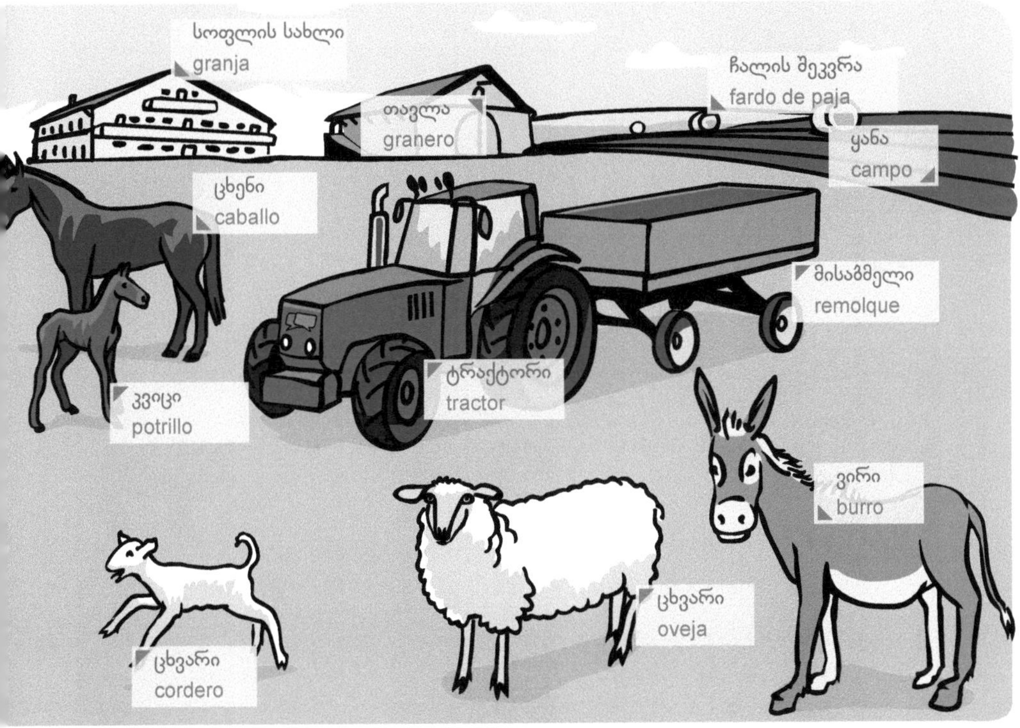
სოფლის სახლი
granja
თავლა
granero
ჩალის შეკვრა
fardo de paja
ყანა
campo
ცხენი
caballo
მისაბმელი
remolque
ტრაქტორი
tractor
კვიცი
potrillo
ვირი
burro
ცხვარი
oveja
ცხვარი
cordero

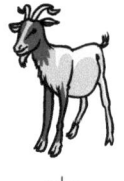

თხა
cabra

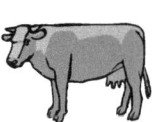

ძროხა
vaca

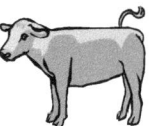

ხბო
ternero

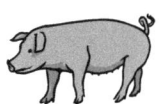

ღორი
cerdo

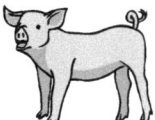

გოჭი
lechón

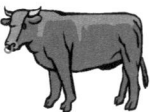

ხარი
toro

ბატი

ganso

იხვი

pato

წიწილა

pollo

ქათამი

gallina

მამალი

gallo

ვირთხა

rata

კატა

gato

თაგვი

ratón

ხარი

buey

ძაღლი

perro

საძაღლე

cucha

ბაღის შლანგი

manguera

საბაღე წურწურა

regadera

ცელი

guadaña

გუთანი

arado

ნამგალი

hoz

თოხი

azada

პატივის სახვეტი ჩანგალი

horquilla

ცული

hacha

მაზიდი

carretilla

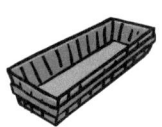

გობი

abrevadero

რძის ბიდონი

lechera

ტომარა

bolsa

ღობე

reja

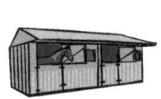

ბოსელი

establo

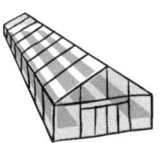

სათბური

invernadero

ნიადაგი

suelo

თესლი

semilla

სასუქი

fertilizador

მოსავლის ამღები კომბაინი

cosechadora

მოსავლის აღება

cosechar

მოსავალი

cosecha

იამი

batatas

ხორბალი

trigo

სოიო

soja

კარტოფილი

papa

სიმინდი

maíz

სარეველას თესლი

semilla de colza

ხეხილი

árbol frutal

მანიოკი

mandioca

მარცვლეული

cereales

სახლი
casa

ბუხარი
chimenea
სახურავი
techo
წყალსადინარი მილი
caño de desagüe
ფანჯარა
ventana
ავტოფარეხი
garaje
კარის ზარი
timbre
კარი
puerta
ნაგვის ყუთი
tacho de basura
საფოსტო ყუთი
buzón
ბაღი
jardín

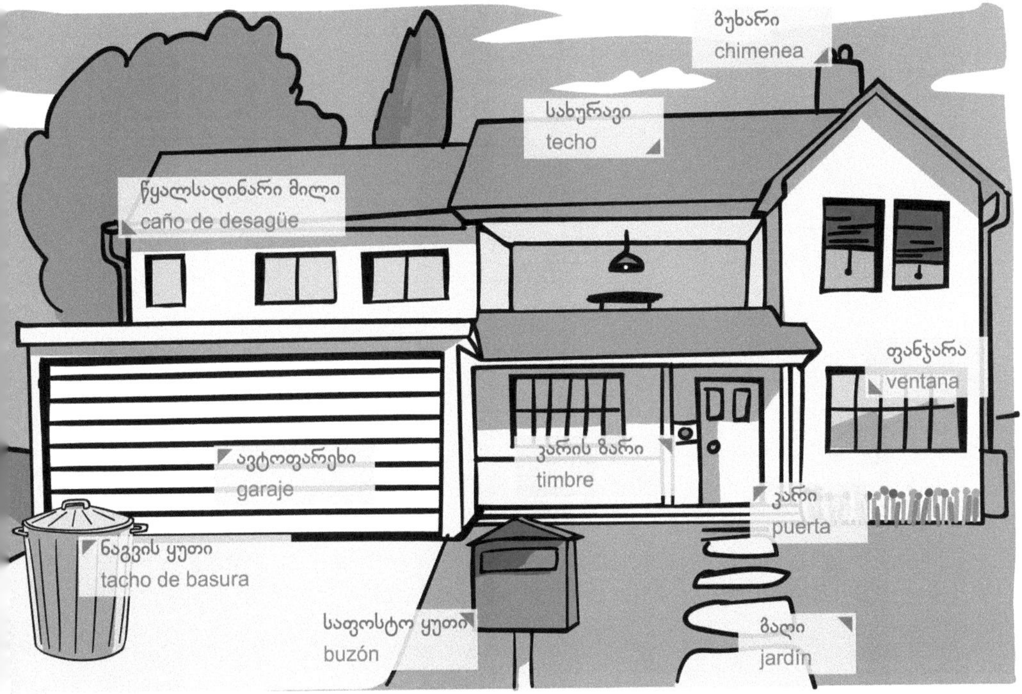

მისაღები ოთახი

living

აბაზანა

baño

სამზარეულო

cocina

საძინებელი

dormitorio

საბავშვო ოთახი

cuarto de los chicos

სასადილო ოთახი

comedor

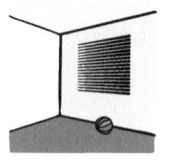

სართული

piso

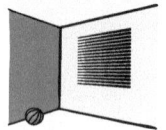

კედელი

pared

ჭერი

cielorraso

სარდაფი

sótano

საუნა

sauna

აივანი

balcón

ტერასა

terraza

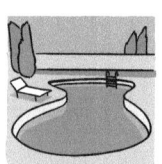

აუზი

pileta

გაზონის საკრეჭი

cortadora de pasto

საბნის კონვერტი

sábana

საწოლი

acolchado

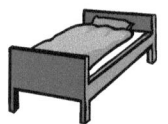

ლოგინი

cama

ცოცხი

escoba

სათლი

balde

გადამრთველი

interruptor

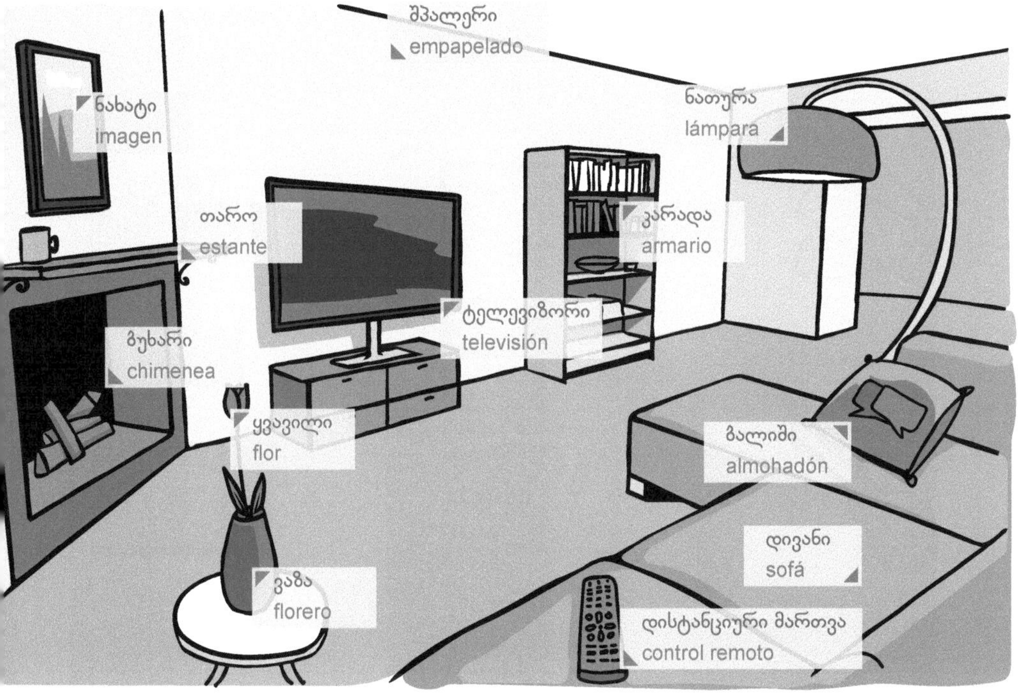

შპალერი
empapelado

ნახატი
imagen

ნათურა
lámpara

თარო
estante

კარადა
armario

ბუხარი
chimenea

ტელევიზორი
televisión

ყვავილი
flor

ბალიში
almohadón

ვაზა
florero

დივანი
sofá

დისტანციური მართვა
control remoto

ხალიჩა

alfombra

ფარდა

cortina

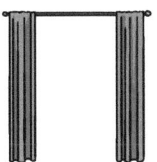

მაგიდა

mesa

სკამი

silla

სარწეველა სკამი

mecedora

სავარძელი

sillón

წიგნი

libro

საბანი

frazada

დეკორაცია

decoración

შეშა

leña

ფილმი

película

hi-fi მოწყობილობები

equipo de música

გასაღები

llave

გაზეთი

diario

ფერწერა

pintura

პლაკატი

póster

რადიო

radio

ბლოკნოტი

cuaderno

მტვერსასრუტი

aspiradora

კაქტუსი

cactus

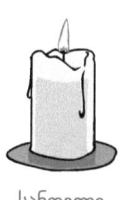

სანთელი

vela

სამზარეულო
cocina

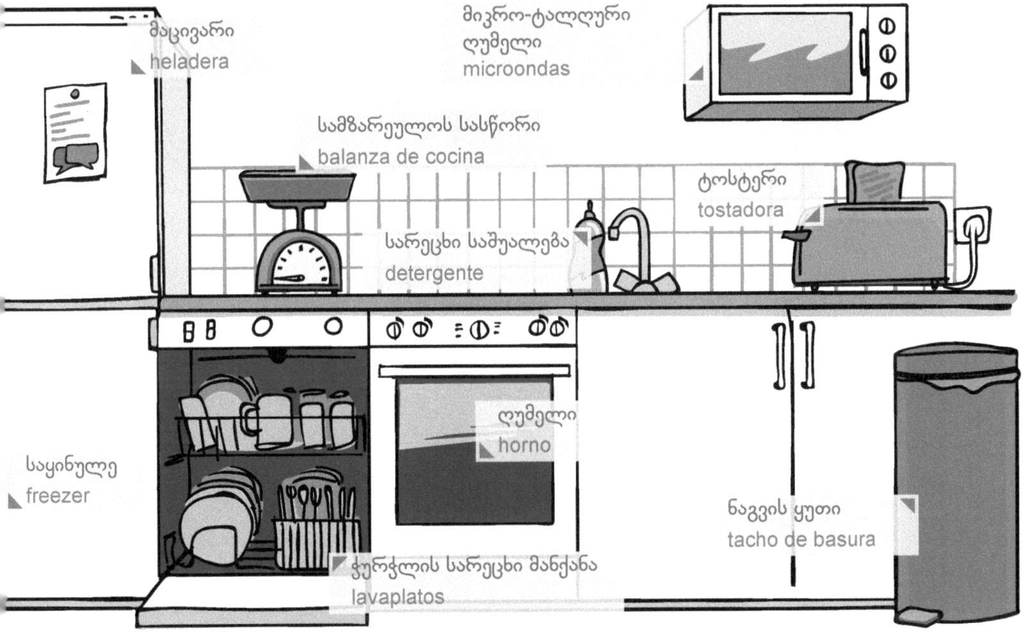
მაცივარი
heladera
მიკრო-ტალღური ღუმელი
microondas
სამზარეულოს სასწორი
balanza de cocina
ტოსტერი
tostadora
სარეცხი საშუალება
detergente
ღუმელი
horno
საყინულე
freezer
ნაგვის ყუთი
tacho de basura
ჭურჭლის სარეცხი მანქანა
lavaplatos

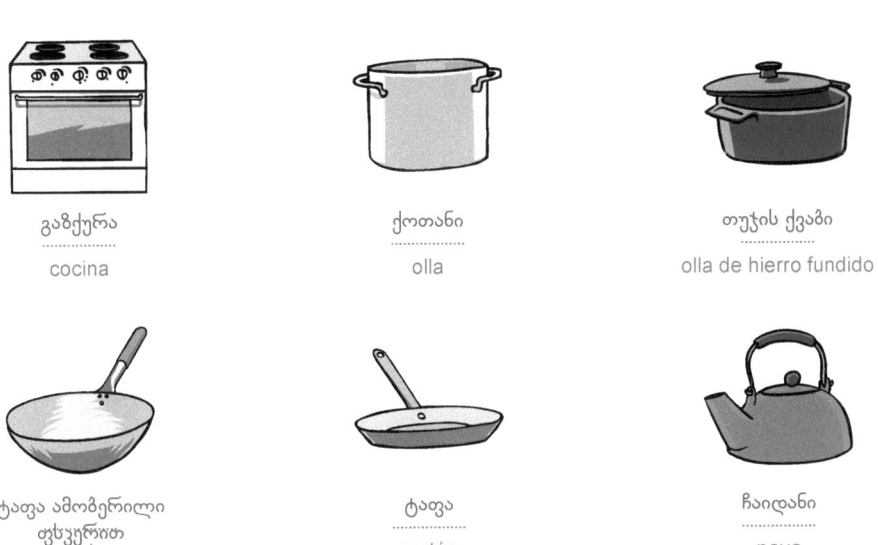

გაზქურა

cocina

ქოთანი

olla

თუჯის ქვაბი

olla de hierro fundido

ტაფა ამოზერილი ფსკურით
wok

ტაფა

sartén

ჩაიდანი

pava

ორთქლსახარში

vaporera

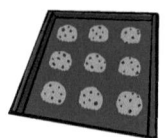

საცხობი ლანგარი

bandeja de horno

ჭურჭელი

vajilla

კათხა

taza

თასი

bol

ჩინური ჩხირები

palitos

ჩამჩა

cucharón

ფითხი

estpátula

სათქვეფელა

batidora

საწური

colador

საცერი

colador

სახეხი

rallador

სანაყი

mortero

გრილი

parrilla

კოცონი

fogata

დაფა

tabla de picar

საგორავი

palo de amasar

ბურღი

sacacorchos

ქილა

lata

ქილის გასახსნელი

abrelatas

ქოთნის დამჭერი

manopla

ნიჟარა

pileta

ფუნჯი

cepillo

ღრუბელი

esponja

ბლენდერი

batidora

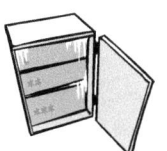

საყინულე კამერა

congelador

საბავშვო ბოთლი

mamadera

ონკანი

canilla

აბაზანა

baño

გათბობა
calefacción
შხაპი
ducha
პირსახოცი
toalla
საშხაპე ფარდა
cortina de ducha
ღრუბლიანი აბანო
baño de espuma
ვანა
bañadera
ჭიქა
vaso
სარეცხი მანქანა
lavarropas
ონკანი
canilla
ფილები
baldosas
ღამის ქოთანი
pelela
ნიჟარა
pileta

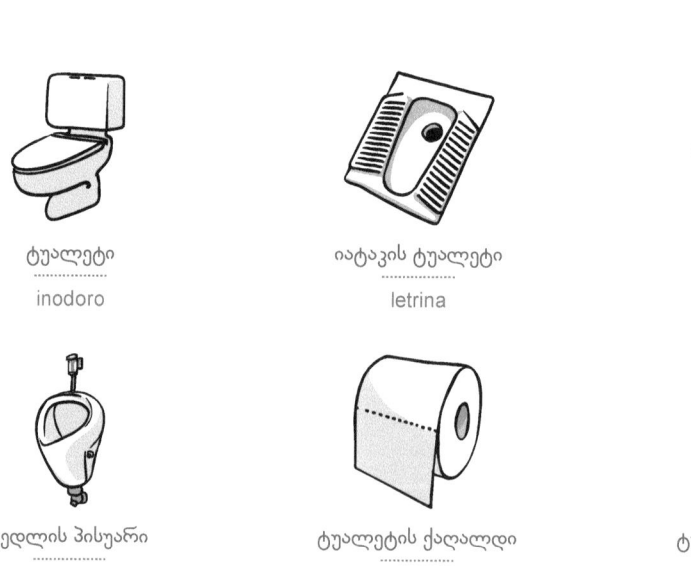

ტუალეტი

inodoro

იატაკის ტუალეტი

letrina

ბიდე

bidé

კედლის პისუარი

mingitorio

ტუალეტის ქაღალდი

papel higiénico

ტუალეტის ჯაგრისი

cepillo para el inodoro

კბილის ჯაგრისი

cepillo de dientes

კბილის პასტა

dentífrico

კბილის ძაფი

hilo dental

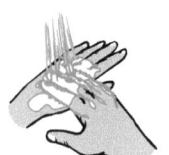

რეცხვა

lavar

ხელის შხაპი

ducha de mano

ინტიმური შხაპი

ducha higiénica

ტაშტი

palangana

ზურგის სახეხი ფუნჯი

cepillo para espalda

საპონი

jabón

შხაპის გელი

gel de ducha

შამპუნი

shampoo

ნეჭა

toallita

სანიაღვრე

desagüe

კრემი

crema

დეოდორანტი

desodorante

სარკე
....
espejo

ხელის სარკე
....
espejito

ბრიტვა
....
maquinita de afeitar

საპარსი ქაფი
....
espuma de afeitar

საშუალება გაპარსვის შემდეგ
....
aftershave

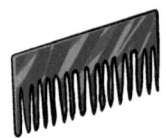

სავარცხელი
....
peine

ჯაგრისი
....
cepillo

თმის საშრობი
....
secador de pelo

თმის ლაქი
....
spray

კოსმეტიკა
....
maquillaje

ტუჩების პომადა
....
lápiz de labios

ფრჩხილის ლაქი
....
esmalte para uñas

ბამბა
....
algodón

ფრჩხილის მაკრატელი
....
tijera para uñas

სუნამო
....
perfume

კოსმეტიკის ჩანთა

portacosméticos

ტაბურეტი

banqueta

სასწორი

balanza

საბაზანო ხალათი

bata

რეზინის ხელთათმანები

guantes de goma

ტამპონი

tampón

ანიტარული პირსახოცი

toallita femenina

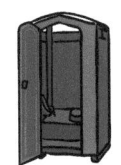

ბიო-ტუალეტი

baño químico

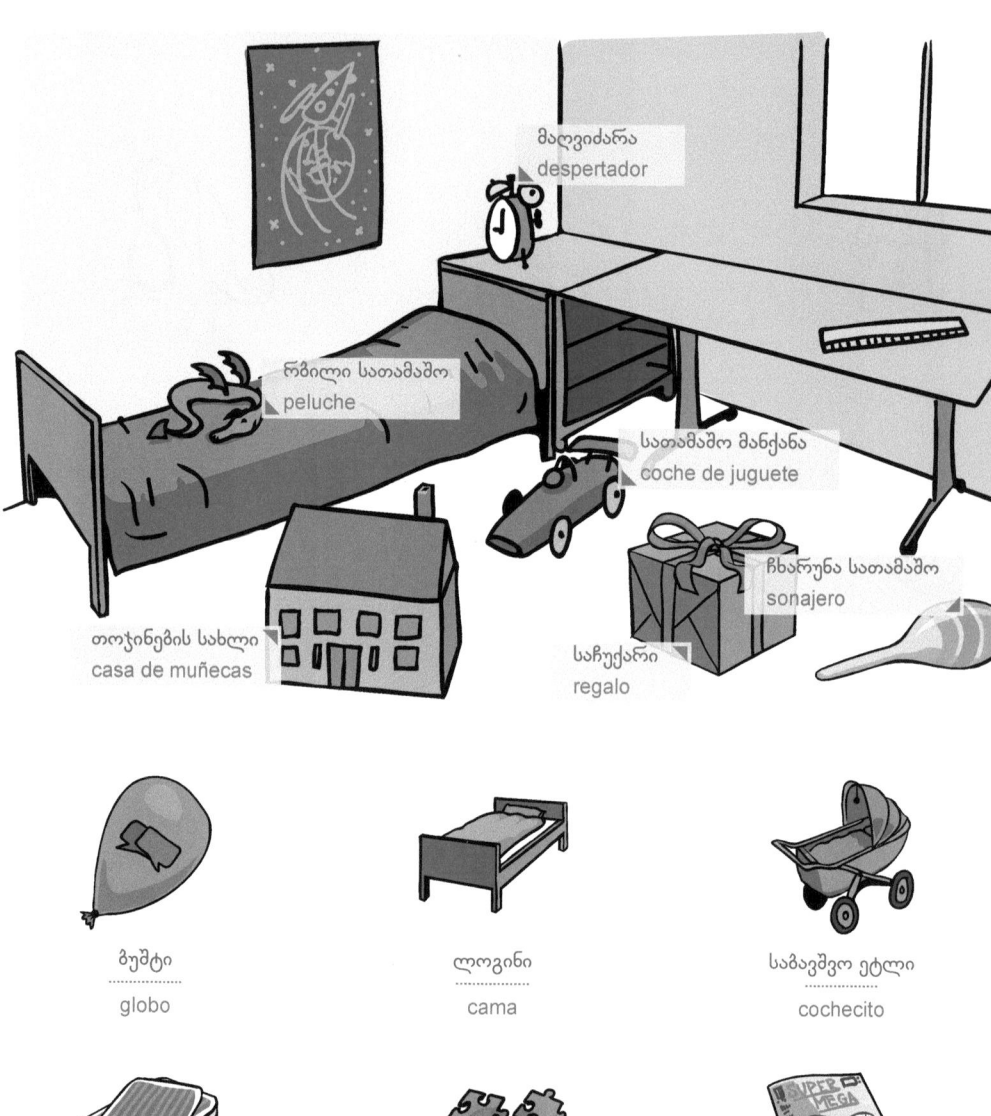

საბავშვო ოთახი

cuarto de los chicos

მაღვიძარა
despertador
რბილი სათამაშო
peluche
სათამაშო მანქანა
coche de juguete
ჩხარუნა სათამაშო
sonajero
თოჯინების სახლი
casa de muñecas
საჩუქარი
regalo

ბუშტი

globo

ლოგინი

cama

საბავშვო ეტლი

cochecito

კარტის თამაში

cartas

პაზლი

rompecabezas

კომიკსი

historieta

ლეგოს აგურები

piezas de lego

ასაშენებელი კუბიკები

ladrillos de juguete

სათამაშო ფიგურა

figura de acción

საცოცავი

enterito (de bebé)

ფრისბი

frisbee

მობილე

móvil para bebés

სამაგიდო თამაში

juego de mesa

კამათელი

dados

რკინიგზის მოდელი

tren eléctrico

საწოვარა

chupete

წვეულება

fiesta

წიგნი ნახატებით

libro de cuentos ilustrado

ბურთი

pelota

თოჯინა

muñeca

თამაში

jugar

საქვიშარი
arenero

საქანელა
hamaca

სათამაშოები
juguetes

ვიდეო თამაშის კონსოლი
consola de videojuegos

სამთვლიანი ველოსიპედი
triciclo

დათუნია
osito de peluche

გარდერობი
armario

ტანსაცმელი
ropa

წინდები
medias

ჩულქები
medias panty

კოლგოტები
calzas

შარფი
bufanda

ქოლგა
paraguas

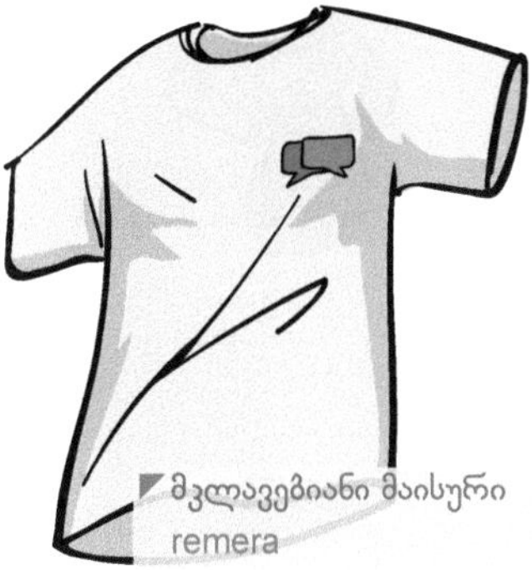

მკლავებიანი მაისური
remera

ქამარი
cinturón

ფეხსაცმელი
botas

ბოტასები
zapatillas

ჩუსტები
pantuflas

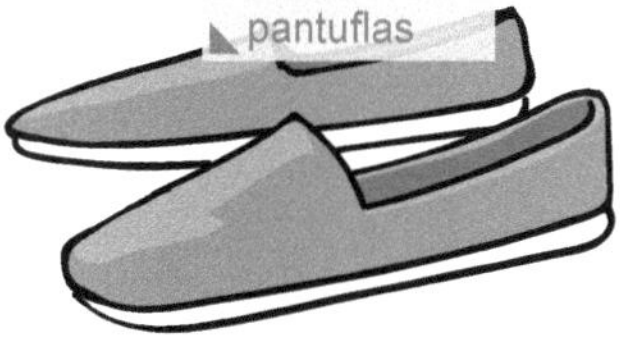

სანდლები

sandalias

ფეხსაცმელი

zapatos

რეზინის ჩექმები

botas de goma

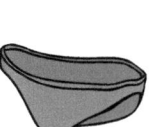

ტრუსები

ropa interior

ბიუსჰალტერი

corpiño

მაისური

chaleco

ტანსაცმელი - ropa

სხეული
body

შარვალი
pantalones

ჯინსი
jeans

ქვედაკაბა
pollera

ბლუზი
blusa

პერანგი
camisa

სვიტრი
pulóver

კაპიუშონიანი ჟაკეტი
buzo

სპორტული ქურთუკი
blazer

ჟაკეტი
campera

პალტო
tapado

საწვიმარი
piloto

კოსტუმი
traje

კაბა
vestido

საქორწილო კაბა
vestido de novia

კაცის კოსტიუმი

traje

ღამის პერანგი

camisón

პიჟამოები

pijama

სარი

sari

თავშალი

pañuelo para cabeza

ტურბანი

turbante

ჩადრი

burka

ხიფთანი

caftán

აბაია

abaya

საცურაო კოსტუმი

traje de baño

ჩემოდნები

short de baño

შორტები

shorts

სპორტული კოსტიუმი

jogging

წინსაფარი

delantal

ხელთათმანები

guantes

ღილი
botón

სათვალეები
anteojos

სამაჯური
pulsera

ყელსაბამი
collar

ბეჭედი
anillo

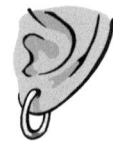

საყურე
aro

კეპი
gorra

საკიდი
percha

ქუდი
sombrero

ჰალსტუხი
corbata

ელვა-შესაკრავის შეკვრა
cierre

ჩაფხუტი
casco

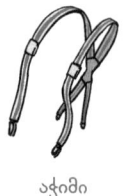

აჭიმი
tiradores

სკოლის ფორმა
uniforme escolar

ფორმა
uniforme

ბავშვის წინსაფარი

babero

საწოვარა

chupete

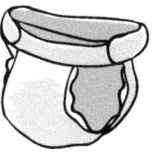

პამპერსი

pañal

ოფისი

oficina

სერვერი
servidor
საკანცელარიო კარადა
archivero
პრინტერი
impresora
ქაღალდი
papel
მონიტორი
monitor
თაგვი
mouse
მაგიდა
escritorio
საქაღალდე
carpeta
კლავიატურა
teclado
სკამი
silla
ათა ნარჩენი ქაღალდებისათვის
o (de basura)
კომპიუტერი
computadora

ყავის ფინჯანი

taza de café

კალკულატორი

calculadora

ინტერნეტი

internet

ლეპტოპი

laptop

წერილი

carta

მესიჯი

mensaje

მობილური ტელეფონი

celular

ქსელი

red

სკანერი

fotocopiadora

პროგრამული უზრუნველყოფა

software

ტელეფონი

teléfono

როზეტი

tomacorriente

ფაქსის მანქანა

fax

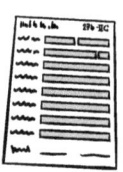

ფორმულარი

formulario

დოკუმენტი

documento

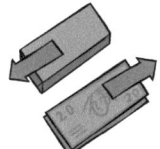

ყიდვა

comprar

გადახდა

pagar

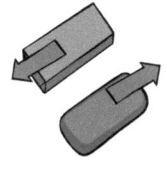

ვაჭრობა

hacer negocios

ფული

dinero

დოლარი

dólar

ევრო

euro

იენი

yen

რუბლი

rublo

შვეიცარული ფრანკი

franco suizo

ჟენმინბი იუანი

yuan

რუპი

rupia

ბანკომატი

cajero automático

ვალუტის გადაცვლის პუნქტი
casa de cambio

ოქრო
oro

ვერცხლი
plata

ნავთობი
petróleo

ენერგია
energía

ფასი
precio

ხელშეკრულება
contrato

გადასახადი
impuesto

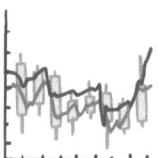

აქცია
acción

მუშაობა
trabajar

თანამშრომელი
empleado

დამსაქმებელი
empleador

ქარხანა
fábrica

მაღაზია
negocio

პროფესიები
ocupaciones

მეხანძრე
bombero
პოლიციის ოფიცერი
policía
მზარეული
cocinero
ექიმი
médico
მფრინავი
piloto

მებაღე

jardinero

დურგალი

carpintero

თეთრეულის მკერავი ქალბატონი

modista

მოსამართლე

juez

ქიმიკოსი

farmacéutico

მსახიობი

actor

ავტობუსის მძღოლი

colectivero

ტაქსის მძღოლი

taxista

მეთევზე

pescador

დამლაგებელი ქალბატონი

mucama

სახურავის ოსტატი

techista

მიმტანი

mozo

მონადირე

cazador

ფერმწერი

pintor

მცხობელი

panadero

ელექტრიკოსი

electricista

მშენებელი

albañil

ინჟინერი

ingeniero

ყასაბი

carnicero

სანტექნიკოსი

plomero

ფოსტალიონი

cartero

ჯარისკაცი

soldado

არქიტექტორი

arquitecto

მოლარე

cajero

ფლორისტი

florista

პარიკმახერი

peluquero

კონდუქტორი

cobrador

მექანიკოსი

mecánico

კაპიტანი

capitán

სტომატოლოგი

dentista

მეცნიერი

científico

რაბინი

rabino

იმამი

imán

ბერი

monje

სასულიერო პირი

sacerdote

იარაღები
herramientas

ჩაქუჩი
martillo
ბრტყელტუჩა
tenaza
სახრახნისი
destornillador
ქანჩის გასაღები
llave
ჯიბის სანათი
linterna

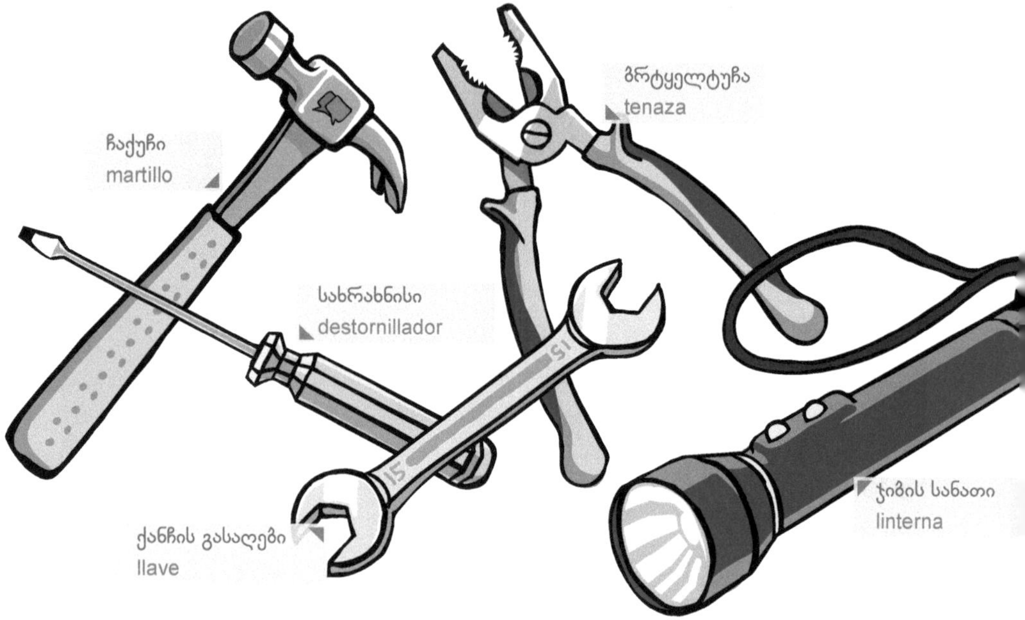

ექსკავატორი

excavadora

იარაღების ყუთი

caja de herramientas

კიბე

escalera portátil

ხერხი

sierra

ლურსმები

clavos

საბურღი

taladro

შეკეთება

arreglar

ნიჩაბი

pala de jardín

ანდაბა!

¡Qué bronca!

აქანდაზი

pala de plástico

საღებავის ქოთანი

tacho de pintura

ხრახნები

tornillos

მუსიკალური ინსტრუმენტები

instrumentos musicales

რეპროდუქტორ
ი
parlante
დასარტყამი ინსტრუმენტების კრებული
batería
გიტარა
guitarra
კონტრაბასი
contrabajo
საყვირი
trompeta

ფორტეპიანო

piano

ვიოლინო

violín

ბასი

bajo

ტიმპანონი

timbales

დასარტყამები

tambor

კლავიშები

teclado

საქსოფონი

saxofón

ფლეიტა

flauta

მიკროფონი

micrófono

ზოოპარკი

zoológico

ვეფხვი
tigre
შესასვლელი
entrada
გალია
jaula
ზებრა
cebra
ცხოველთა საკვები
alimento para animales
პანდა
oso panda

ცხოველები

animales

სპილო

elefante

კენგურუ

canguro

მარტორქა

rinoceronte

გორილა

gorila

დათვი

oso

აქლემი

camello

სირაქლემა

avestruz

ლომი

león

მაიმუნი

mono

ფლამინგო

flamenco

თუთიყუში

loro

პოლარული დათვი

oso polar

პინგვინი

pingüino

ზვიგენი

tiburón

ფარშევანგი

pavo real

გველი

serpiente

ნიანგი

cocodrilo

ზოოპარკის მფლობელი

cuidador del zoológico

სელაპი

foca

იაგუარი

jaguar

პონი

poni

ლეოპარდი

leopardo

ბეჰემოტი

hipopótamo

ჟირაფი

jirafa

არწივი

águila

ტახი

jabalí

თევზი

pescado

კუ

tortuga

მორჟი

morsa

მელა

zorro

გაზელი

gacela

სპორტი

deportes

ამერიკული ფეხბურთი
fútbol americano
ველოსპორტი
ciclismo
ჩოგბურთი
tenis
კალათბურთი
básquet
ცურვა
natación
კრივი
boxeo
ყინულის ჰოკეი
hockey sobre hielo

ფეხბურთი

fútbol

ბადმინტონი

bádminton

მძლეოსნობა

atletismo

ხელბურთი

handball

სათხილამურო სპორტი

esquí

წყლის პოლო

polo

მოქმედებები

actividades

გადახტომა
saltar
ჩახუტება
abrazar
დაცინვა
reír
სეირნობა
caminar
სიმღერა
cantar
ოცნებობა
soñar
ლოცვა
rezar
კოცნა
besar

წერა

escribir

დახატვა

dibujar

ჩვენება

mostrar

დაჭერა

presionar

მიცემა

dar

აღება

tomar

ქონა

tener

კეთება

hacer

ყოფნა

ser

დგომა

estar parado

გარბენა

correr

მოქაჩვა

tirar

გადაყრა

tirar

დაცემა

caer

ტყუილის თქმა

estar acostado

მოცდენა

esperar

ტარება

llevar

ჯდომა

estar sentado

ჩაცმა

vestirse

ძილი

dormir

გაღვიძება

despertar

დათვალიერება
mirar

ტირილი
llorar

გაუთოება
acariciar

დავარცხნა
peinar

ლაპარაკი
hablar

გაგება
entender

შეკითხვა
preguntar

მოსმენა
escuchar

დალევა
beber

ჭამა
comer

დალაგება
ordenar

ყვარება
amar

კერძების მზადება
cocinar

სვლა
manejar

ფრენა
volar

მოქმედებები - actividades

აფრის ქვეშ სიარული

navegar

გამოთვლა

calcular

წაკითხვა

leer

შესწავლა

aprender

მუშაობა

trabajar

ქორწინება

casarse

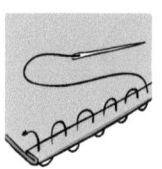

კერვა

coser

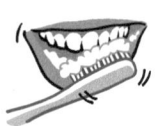

კბილების ხეხვა

cepillarse los dientes

მოკვლა

matar

მოწევა

fumar

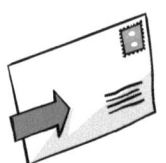

გაგზავნა

enviar

ბებია
abuela

ბაბუა
abuelo

მამა
padre

დედა
madre

ბავშვი
bebé

ქალიშვილი
hija

ვაჟიშვილი
hijo

სტუმარი

invitado

დეიდა

tía

ბიძა

tío

ძმა

hermano

და

hermana

სხეული

cuerpo

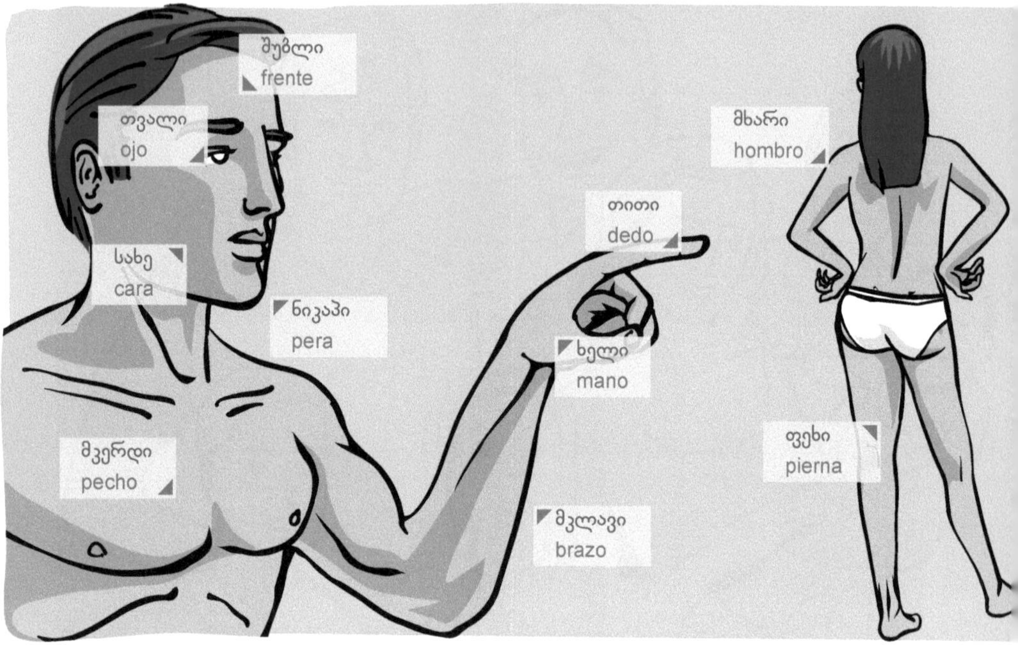

შუბლი
frente

თვალი
ojo

მხარი
hombro

თითი
dedo

სახე
cara

ნიკაპი
pera

ხელი
mano

ფეხი
pierna

მკერდი
pecho

მკლავი
brazo

ბავშვი
....
bebé

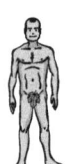

კაცი
....
hombre

ქალი
....
mujer

გოგო
....
nena

ბიჭი
....
nene

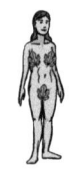

თავი
....
cabeza

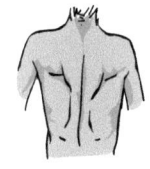

ზურგი

espalda

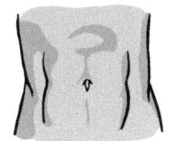

მუცელი

panza

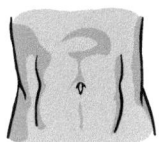

ჭიპი

ombligo

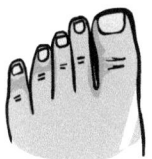

ფეხის თითი

dedo del pie

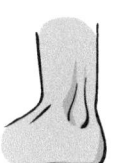

ქუსლი

talón

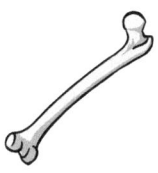

ძვალი

hueso

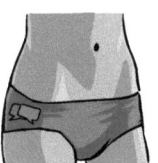

ბარძაყი

cadera

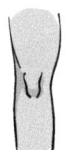

მუხლი

rodilla

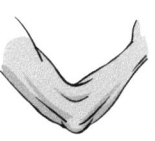

იდაყვი

codo

ცხვირი

nariz

დუნდულა

cola

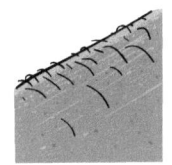

კანი

piel

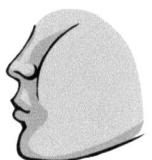

ლოყა

cachete

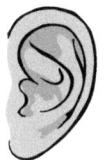

ყური

oreja

ტუჩი

labio

პირი

boca

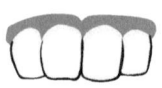

კბილი

diente

ენა

lengua

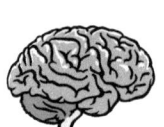

ტვინი

cerebro

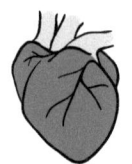

გული

corazón

კუნთი

músculo

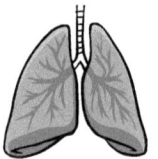

ფილტვი

pulmón

ღვიძლი

hígado

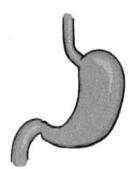

კუჭი

estómago

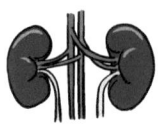

თირკმელები

riñones

სექსი

sexo

პრეზერვატივი

preservativo

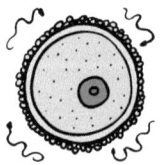

კვერცხუჯრედი

óvulo

სპერმა

semen

ორსულობა

embarazo

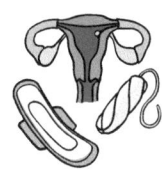

მენსტრუაცია
menstruación

საშო
vagina

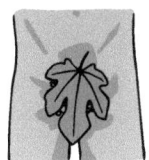

პენისი
pene

წარბი
ceja

თმა
pelo

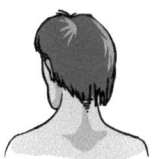

კისერი
cuello

საავადმყოფო
hospital

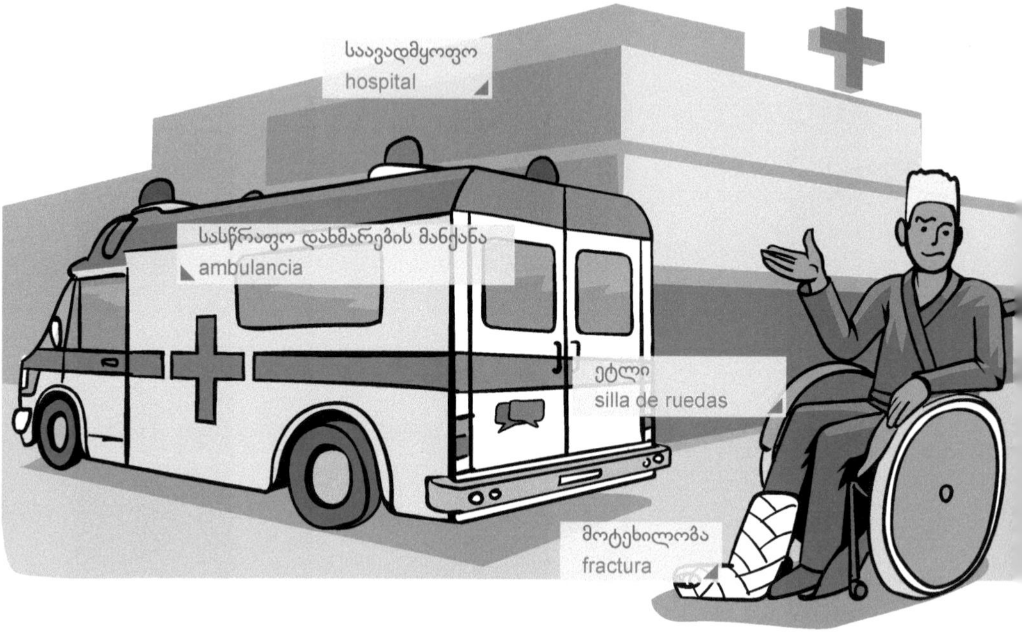

საავადმყოფო
hospital
სასწრაფო დახმარების მანქანა
ambulancia
ეტლი
silla de ruedas
მოტეხილობა
fractura

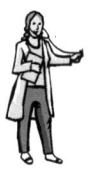

ექიმი

médico

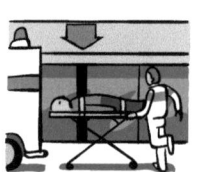

პირველი დახმარების ოთახი

sala de guardia

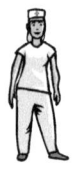

მედდა

enfermera

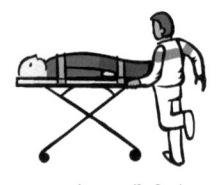

გადაუდებელი შემთხვევა

emergencia

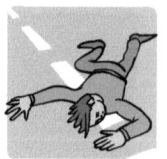

უგონოდ მყოფი

inconsciente

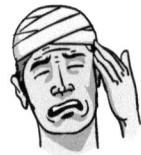

ტკივილი

dolor

დაზიანება

lesión

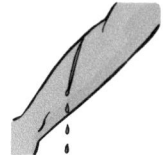

სისხლდენა

hemorragia

გულის შეტევა

infarto

ინსულტი

ACV

ალერგია

alergia

ხველა

tos

ცხელება

fiebre

გრიპი

gripe

დიარეა

diarrea

თავის ტკივილი

dolor de cabeza

კიბო

cáncer

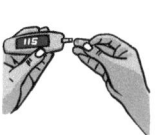

დიაბეტი

diabetes

ქირურგი

cirujano

სკალპელი

bisturí

ოპერაცია

operación

კტ

TC

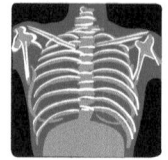

რენტგენი

rayos x

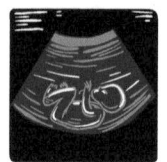

ულტრაბგერა

ecografía

ნიღაბი

barbijo

დაავადება

enfermedad

მოსაცდელი ოთახი

sala de espera

ყავარჯენი

muleta

თაბაშირი

curita

ბინტი

venda

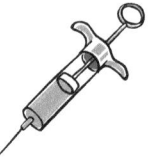

ინექცია

inyección

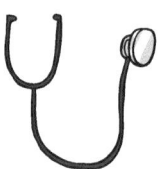

სტეტოსკოპი

estetoscopio

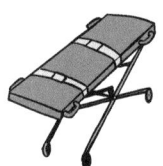

საკაცე

camilla

თერმომეტრი

termómetro

დაბადება

nacimiento

ჭარბი წონა

sobrepeso

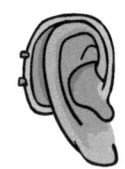

სმენის აპარატი

audífono

სადეზინფექციო საშუალება

desinfectante

ინფექცია

infección

ვირუსი

virus

აივ / შიდსი

VIH / SIDA

წამალი

remedio

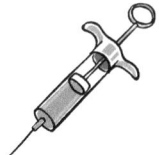

ვაქცინაცია

vacunación

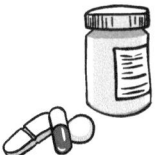

ტაბლეტები

comprimidos

აბი

pastilla anticonceptiva

გადაუდებელი გამოძახება

llamada de emergencia

წნევის საზომი აპარატი

tensiómetro

ავადმყოფი / ჯანმრთელი

enfermo / sano

გადაუდებელი შემთხვევა

emergencia

დამეხმარეთ!

¡Ayuda!

განგაში

alarma

თავდასხმა

agresión

შეტევა

ataque

საფრთხე

peligro

სათადარიგო გასასვლელი

salida de emergencia

ხანძარი!

¡Fuego!

ცეცხლსაქრობი

matafuego

უბედური შემთხვევა

accidente

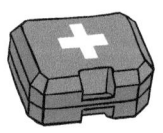

პირველადი დახმარების აფთიაქი

botiquín de primeros auxilios

SOS

SOS

პოლიცია

policía

ევროპა

Europa

ჩრდილოეთ ამერიკა

América del Norte

სამხრეთ ამერიკა

América del Sur

აფრიკა

África

აზია

Asia

ავსტრალია

Australia

ატლანტიკა

Atlántico

წყნარი ოკეანე

Pacífico

ინდოეთის ოკეანე

Océano Índico

ანტარქტიკის ოკეანე

Océano Antártico

ჩრდილოეთის ყინულოვანი ოკეანე

Océano Ártico

ჩრდილოეთ პოლუსი

polo norte

სამხრეთ პოლუსი

polo sur

ანტარქტიდა

Antártida

დედამიწა

Tierra

ხმელეთი

tierra

ზღვა

mar

კუნძული

isla

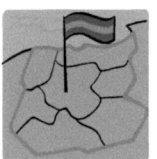

ერი

nación

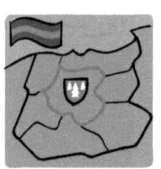

სახელმწიფო

estado

ციფერბლატი

esfera

საათების ისარი

manecilla de las horas

წუთების ისარი

minutero

წამების ისარი

segundero

რომელი საათია?

¿Qué hora es?

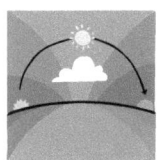

დღე

día

დრო

hora

ახლა

ahora

ციფრული საათი

reloj digital

წუთი

minuto

საათი

hora

კვირა
semana

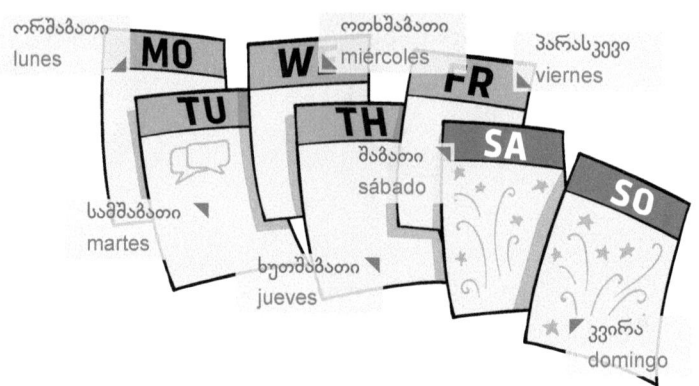

MO
TU
W
TH
FR
SA
SO
ორშაბათი
lunes
სამშაბათი
martes
ოთხშაბათი
miércoles
ხუთშაბათი
jueves
პარასკევი
viernes
შაბათი
sábado
კვირა
domingo

1

გუშინ

ayer

2

დღეს

hoy

3

ხვალ

mañana

დილა

mañana

შუადღე

mediodía

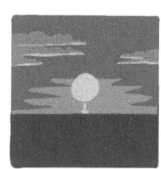

საღამო

tarde

MO TU WE TH FR SA SU
1 2 3 4 5 6 7
8 9 10 11 12 13 14
15 16 17 18 19 20 21
22 23 24 25 26 27 28
29 30 31 1 2 3 4

სამუშაო დღეები

días hábiles

MO TU WE TH FR SA SU
1 2 3 4 5 6 7
8 9 10 11 12 13 14
15 16 17 18 19 20 21
22 23 24 25 26 27 28
29 30 31 1 2 3 4

შაბათი-კვირა

fin de semana

წვიმა
lluvia
ცისარტყელა
arco iris
ქარი
viento
თოვლი
nieve
გაზაფხული
primavera
შემოდგომა
otoño
ზაფხული
verano
ზამთარი
invierno

4.APRIL 11°
5.APRIL 4°
6.APRIL 13°
7.APRIL 8°
8.APRIL 10°

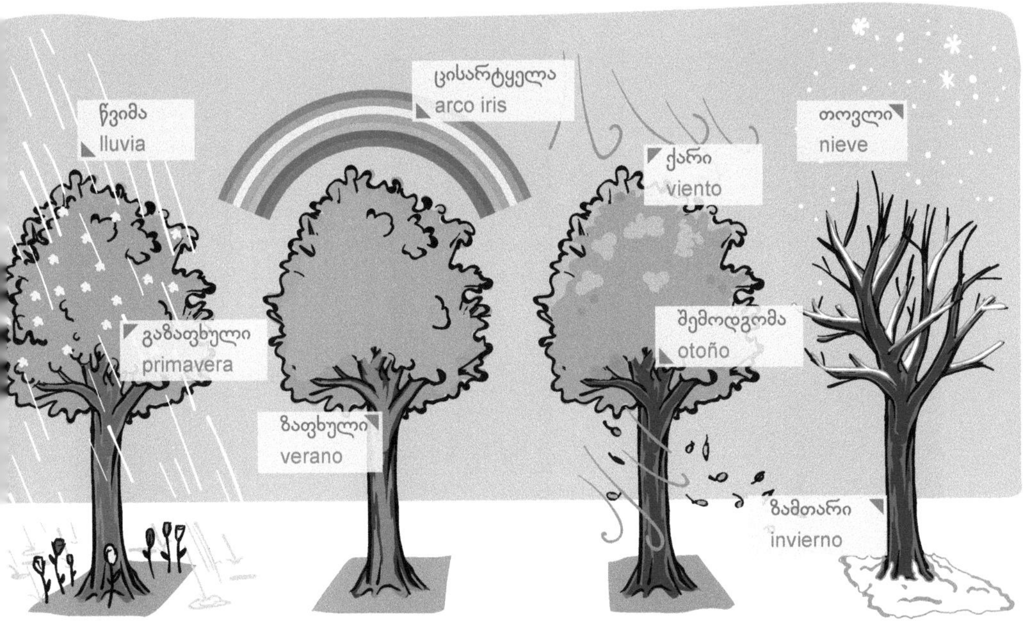

ამინდის პროგნოზი
pronóstico meteorológico

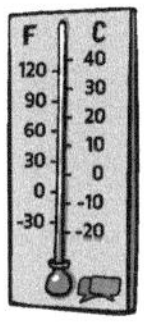

თერმომეტრი
termómetro

მზის სხივი
luz del sol

ღრუბელი
nube

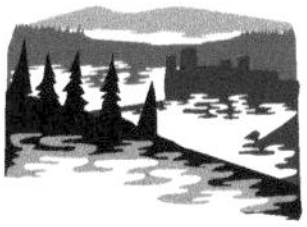

ნისლი
niebla

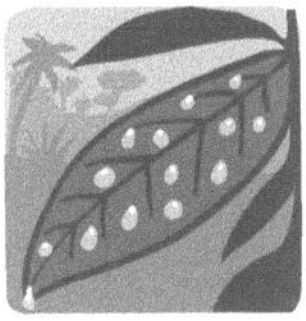

ტენიანობა
humedad

ელვა

rayo

ქუხილი

trueno

შტორმი

tormenta

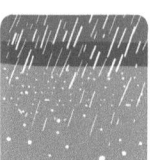

სეტყვა

granizo

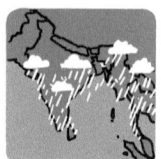

მუსონი

monzón

წყალდიდობა

inundación

ყინული

hielo

იანვარი

enero

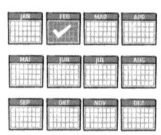

თებერვალი

febrero

მარტი

marzo

აპრილი

abril

მაისი

mayo

ივნისი

junio

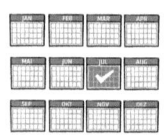

ივლისი

julio

აგვისტო

agosto

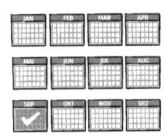

სექტემბერი

septiembre

ოქტომბერი

octubre

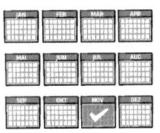

ნოემბერი

noviembre

დეკემბერი

diciembre

ფორმები
formas

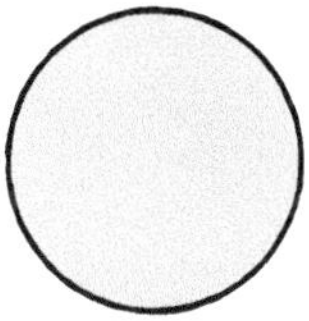

წრე

círculo

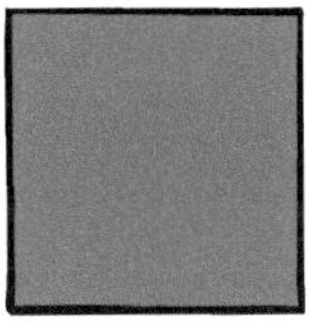

კვადრატი

cuadrado

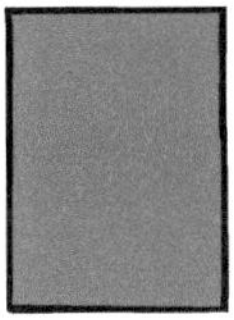

მართკუთხედი

rectángulo

სამკუთხედი

triángulo

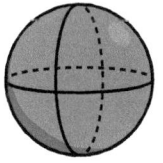

სფერო

esfera

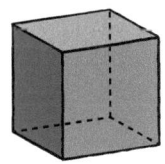

კუბი

cubo

ფერები
colores

თეთრი

blanco

ყვითელი

amarillo

ნარინჯისფერი

naranja

ვარდისფერი

rosa

წითელი

rojo

იისფერი

violeta

ცისფერი

azul

მწვანე

verde

ყავისფერი

marrón

ნაცრისფერი

gris

შავი

negro

საპირისპიროები
opuestos

ბევრი / ცოტა

mucho / poco

გაბრაზებული / მშვიდი

enojado / tranquilo

ლამაზი / მახინჯი

lindo / feo

დასაწყისი / დასასრული

principio / fin

დიდი / პატარა

grande / chico

ნათელი / მუქი

claro / oscuro

ძმა / და

hermano / hermana

სუფთა / ჭუჭყიანი

limpio / sucio

სრული / არასრული

completo / incompleto

დღე / ღამე

día / noche

მკვდარი / ცოცხალი

muerto / vivo

განიერი / ვიწრო

ancho / angosto

საჭმელად ვარგისი / საჭმელად უვარგისი

comestible / no comestible

ბოროტი / კეთილი

malo / amable

შთამბეჭდავი / მოსაწყენი

entusiasmado / aburrido

სქელი / თხელი

gordo / flaco

პირველი / ბოლო

primero / último

მეგობარი / მტერი

amigo / enemigo

სრული / ცარიელი

lleno / vacío

მყარი / რბილი

duro / blando

მძიმე / მსუბუქი

pesado / liviano

მოშიებული / მწყურვალე

hambre / sed

ავადმყოფი / ჯანმრთელი

enfermo / sano

არალეგალური / ლეგალური

ilegal / legal

ინტელექტუალი / სულელი

inteligente / estúpido

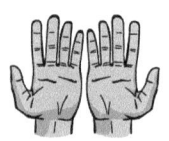

მარცხენა / მარჯვენა

izquierda / derecha

ახლოს / შორს

cerca / lejos

ახალი / გამოყენებული

nuevo / usado

არაფერი / რაღაცა

nada / algo

მოხუცი / ახალგაზრდა

viejo / joven

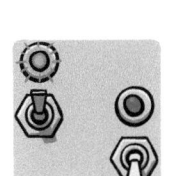

ჩართვა / გამორთვა

encendido / apagado

ღია / დახურული

abierto / cerrado

ჩუმი / ხმამაღალი

silencioso / ruidoso

მდიდარი / ღარიბი

rico / pobre

მართალი / მტყვანი

correcto / incorrecto

უხეში / გლუვი

áspero / suave

სევდიანი / ბედნიერი

triste / contento

მოკლე / გრძელი

corto / largo

ნელი / სწრაფი

lento / rápido

სველი / მშრალი

mojado / seco

თბილი / გრილი

caliente / frío

ომი / მშვიდობა

guerra / paz

რიცხვები
números

0	1	2
ნული	ერთი	ორი
cero	uno	dos
3	4	5
სამი	ოთხი	ხუთი
tres	cuatro	cinco
6	7	8
ექვსი	შვიდი	რვა
seis	siete	ocho
9	10	11
ცხრა	ათი	თერთმეტი
nueve	diez	once

12

თორმეტი
doce

13

ცამეტი
trece

14

თოთხმეტი
catorce

15

თხუთმეტი
quince

16

თექვსმეტი
dieciséis

17

ჩვიდმეტი
diecisiete

18

თვრამეტი
dieciocho

19

ცხრამეტი
diecinueve

20

ოცი
veinte

100

ასი
cien

1.000

ათასი
mil

1.000.000

მილიონი
millón

ენები
idiomas

ინგლისური

inglés

ამერიკული ინგლისური

inglés americano

ჩინური მანდარინი

chino mandarín

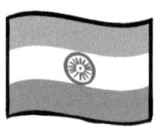

ჰინდი

hindi

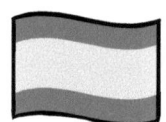

ესპანური

español

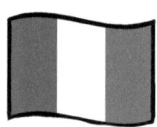

ფრანგული

francés

არაბული

árabe

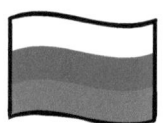

რუსული

ruso

პორტუგალიური

portugués

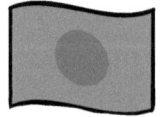

ბენგალური

bengalí

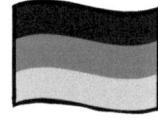

გერმანული

alemán

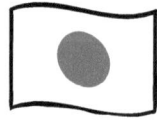

იაპონური

japonés

ვინ / რა / როგორ
quién / qué / cómo

მე

yo

შენ

vos

ის / ის / იგი

él / ella

ჩვენ

nosotros

თქვენ

ustedes

ისინი

ellos

ვინ?

¿quién?

რა?

¿qué?

როგორ?

¿cómo?

სად?

¿dónde?

როდის?

¿cuándo?

სახელი

nombre

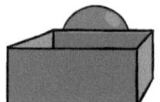

სად
dónde

უკან

detrás

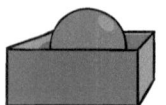

შიგნით

en

წინ

adelante de

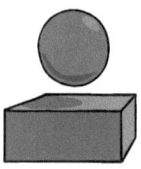

ზედ

por encima de

=-ზე

sobre

ქვეშ

debajo de

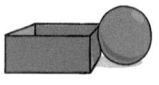

გვერდით

al lado de

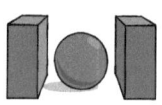

შორის

entre

ადგილი

lugar